Charles Darwin

y la

Teoría

de la

Selección Natural

Alan J. Hesse

Publicado por Alan J. Hesse, 2° Edición, Quito, Ecuador.
ISBN 978-9942-45-039-5

La primera edición de este trabajo fue publicada con el título 'Charles Darwin y la Teoría de la Evolución' en 2011 por la Fundación Charles Darwin, Puerto Ayora, Galápagos, Ecuador.

Maquetación y diseño gráfico por Alan J. Hesse

Créditos y agradecimientos

Nicolás Cuvi, Cristina Georgii, Rachel Atkinson, Godfrey Merlen, Mark Gardener, María Belén Egas, Lois Jammes.

Bibliografía

Los eventos, escenarios, narrativas y diálogos presentados en este libro son completamente verídicos y fueron obtenidos consultando las siguientes fuentes:

Darwin C.R. 2003. *The Origin of the Species and The Voyage of the Beagle.* "Everyman's library", Alfred A. Knopf, New York - London - Toronto.

Darwin, C.R. 1872. *The Origin of Species by Means of Natural Selection, or the Preservation of Favoured Races in the Struggle for Life* (6th ed.), John Murray, London.

Giraud M. 2009. *Darwin c'est tout bête! Mille et une histoires d'animaux pour comprendre l'évolution.* Éditions Robert Laffont, S.A., Paris.

Estes G., K.T. Grant & P.R. Grant. 2000. Darwin in Galápagos: His Footsteps Through the Archipelago. *Notes and Records of the Royal Society of London* 54: 343–368.

www.alanhesse.com

¿Quién fue Charles Darwin?

Desde su más temprana infancia, Charles Darwin (1809 - 1882) sentía una pasión por la Naturaleza. Durante cada momento que estaba despierto, deambulaba por el campo alrededor de su casa con sus perros, cazando y observando animales, trepando árboles y colinas.

El joven Charles Darwin

Años más tarde, mientras estudiaba para ser sacerdote, el profesor de botánica de Darwin, John Henslow (1795 - 1861), le ofreció la oportunidad única de embarcarse en un viaje de descubrimiento alrededor del mundo a bordo de un barco llamado el Beagle. Darwin zarpó de Inglaterra el 27 de diciembre de 1831, con tan solo 22 años de edad.

Durante el largo viaje en el mar, que duró 5 años, Darwin realizó importantes observaciones y tomó notas de todo lo que veía. Además, recolectó abundantes plantas, animales, fósiles y rocas como parte de su estudio de la Naturaleza.

El Darwin mayor

De regreso en Inglaterra en 1836, Darwin pasó años examinando su gran colección de especímenes traídos de su viaje. También llevó a cabo numerosos experimentos y mantuvo una correspondencia regular con otros científicos y naturalistas de todo el mundo. Durante todo este tiempo, también leyó mucho y pensó profundamente. Como resultado de tanto estudio, Darwin desarrolló nuevas ideas sobre temas tan variados como el movimiento de las plantas trepadoras, la vida de las lombrices de tierra, las emociones en humanos y animales… y, por supuesto, su idea más grande de todas, la revolucionaria **Teoría de la Evolución por Selección Natural**.

Fue esta teoría la que dominó la vida intelectual de Charles Darwin y lo convirtió en uno de los pensadores más grandes de la historia. La teoría de la evolución por selección natural fue publicada en 1859 en un libro llamado "El Origen de las Especies". Con esta obra, una de las más importantes de todos los tiempos, Darwin cambió el rumbo del estudio de la naturaleza y la forma en que pensamos sobre el mundo, para siempre.

Conozcamos a los otros personajes en la historia…

Capitán Robert Fitzroy (1805 - 1865)

Cuando el Capitán Fitzroy asumió el mando del Beagle en 1831 y se preparó para el épico viaje alrededor del mundo, necesitaba "la compañía de un caballero" con un interés similar en la exploración científica. Fue así como se encontró con el joven Charles Darwin. Darwin y Fitzroy se llevaban bastante bien a pesar de que en realidad eran muy diferentes entre sí; las ideas liberales de Darwin contrastaban con las creencias más conservadoras de Fitzroy.
Por ejemplo, a diferencia de Fitzroy, Darwin detestaba la idea de la esclavitud y se horrorizaba por los brutales métodos que el capitán utilizaba para disciplinar a su tripulación a bordo del Beagle. Muchos años después, Fitzroy, un hombre profundamente religioso, se encontraba

entre aquellos que rechazaron violentamente la teoría de Darwin de la evolución por selección natural.

Syms Covington (1809 - 1861)

El grumete a bordo del Beagle, Covington, se convirtió en el asistente personal de Darwin. En las Islas Galápagos resultó ser inestimable al ayudar a recolectar pinzones, y a diferencia de Darwin, sí se acordó de etiquetar cada ejemplar con la isla de la que lo recolectó.

Gracias a la minuciosidad de Covington, Darwin pudo después darse cuenta de cómo cada isla contenía un tipo diferente de pinzón. Esta pista fue una pieza fundamental de evidencia para la teoría de la evolución por selección natural.

Charles Lyell (1797 - 1875)

Considerado el fundador de la geología, Charles Lyell sacudió el pensamiento predominante de su época al afirmar que la Tierra es mucho más antigua de lo que la gente pensaba. Lyell citó el ejemplo de los fósiles, cuya edad se mide en millones de años. El importante libro de Lyell, "Principios de geología", fue fundamental para moldear el pensamiento de Darwin sobre la Tierra y sus formas de vida, y lo leyó con interés durante su tiempo a bordo del Beagle. Al regresar a Inglaterra en 1836, Darwin conoció a Charles Lyell y los dos se convirtieron en amigos.

John Gould (1804 - 1881)

Como artista y ornitólogo, John Gould asumió la enorme tarea de identificar las muestras de aves que Darwin trajo de su viaje alrededor del mundo.

Con la ayuda de Gould, Darwin pudo confirmar que los cucuves en las Islas Galápagos están relacionados con los que se encuentran en el continente sudamericano. Gould también notó la relación entre la forma del pico de los pinzones y la forma en que se alimentan, una observación que contribuyó al pensamiento de Darwin en su teoría de la selección natural.

Alfred Russell Wallace (1823 - 1913)

Joven explorador, aventurero y naturalista, Wallace viajó extensamente por las Américas y Asia y quedó maravillado por la diversidad de la vida que encontró.

Wallace se maravilló tanto que en realidad llegó a las mismas conclusiones que Darwin con respecto a la evolución de la vida en la Tierra, completamente independiente de la teoría de selección natural de Darwin. Sin embargo, los dos naturalistas nunca compitieron entre sí, sino que se convirtieron en aliados defendiendo su teoría conjunta.

Parte 1:
Darwin explora las islas Galápagos

La ruta del Beagle en las Islas Galápagos

Darwin visitó las Islas Galápagos durante cinco semanas, desde el 16 de septiembre hasta el 20 de octubre de 1835. El Beagle llegó a las islas después de casi cuatro años en el mar, principalmente haciendo un levantamiento de la costa sudamericana.

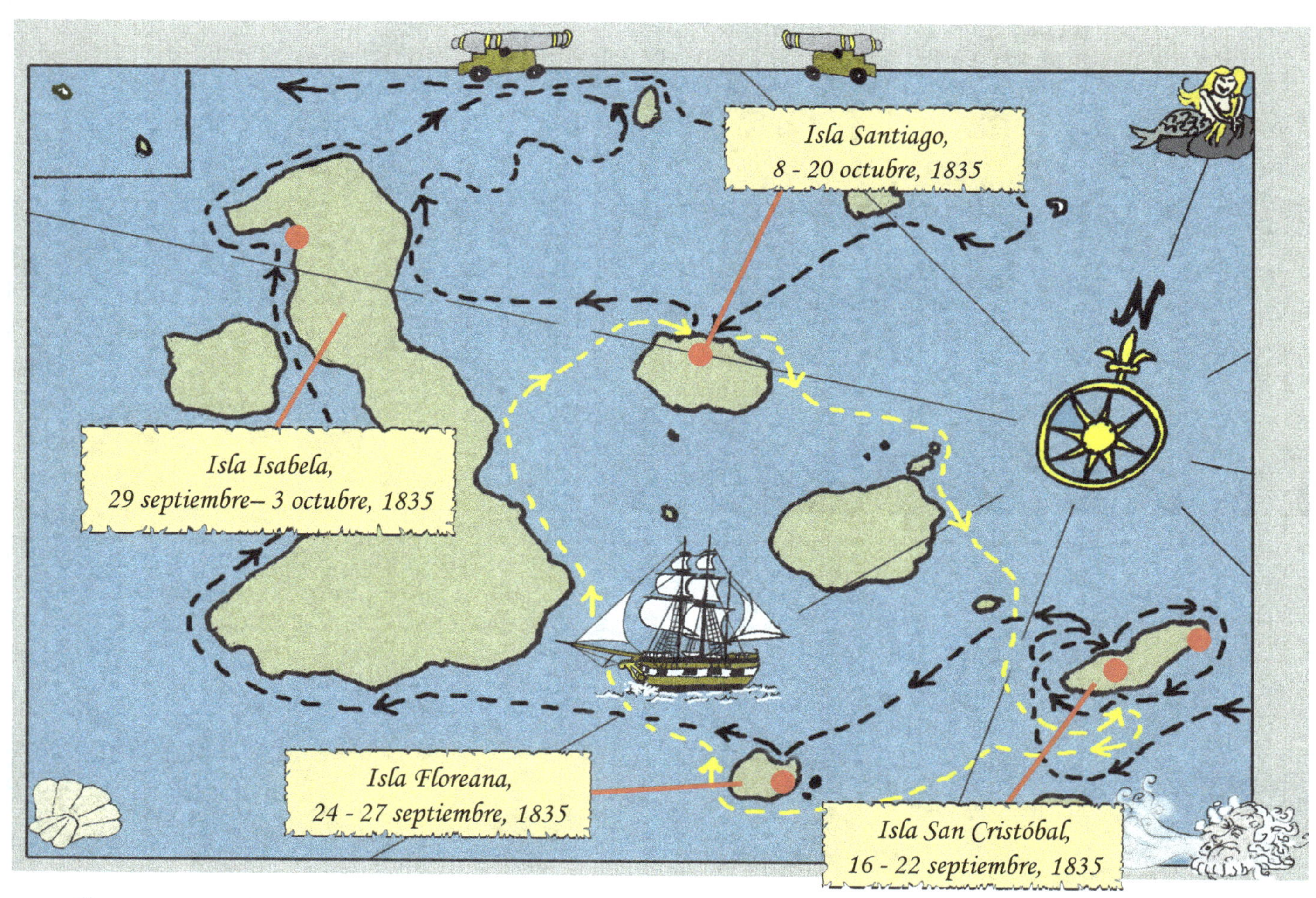

16 de septiembre de 1835. El Beagle llega a Galápagos y ancla frente a Cerro Tijeras, en la isla San Cristóbal.

A bordo del Beagle viaja Charles Darwin, quien tiene un gran interés en las plantas, animales y piedras de Galápagos.

Sin duda, las misteriosas iguanas marinas llamaron su atención...
EH, ¡MUCHACHOS! VENGAN A VER ESTO, ¡ES UN TIPO DE LAGARTO!

Los métodos de investigación de Darwin a menudo implicaban un contacto directo, lo cual sería fuertemente desaconsejado hoy en día...
?

VEAMOS QUÉ PASA SI LA TIRO AL AGUA...
¡SPLASH!

¡ES LA TERCERA VEZ QUE VUELVE INMEDIATAMENTE A LA TIERRA! PARECE SENTIRSE MÁS SEGURA FUERA DEL AGUA. ¿QUIZÁS PORQUE NO TIENE DEPREDADORES NATURALES EN LA TIERRA?
¡JAJAJA!

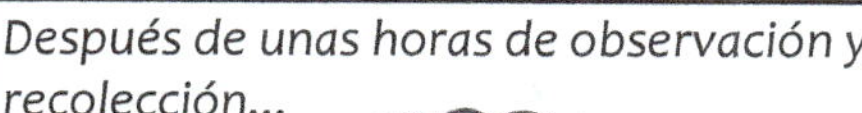

Después de unas horas de observación y recolección...

18 de septiembre de 1835. Darwin sube al cráter "Pan de Azúcar", una formación de toba de las cuales hay muchas en Galápagos.*

El Beagle rodea la isla San Cristóbal. Darwin y su fiel asistente, Syms Covington, desembarcan en la costa norte.

* Ceniza volcánica solidificada producida por erupciones volcánicas.

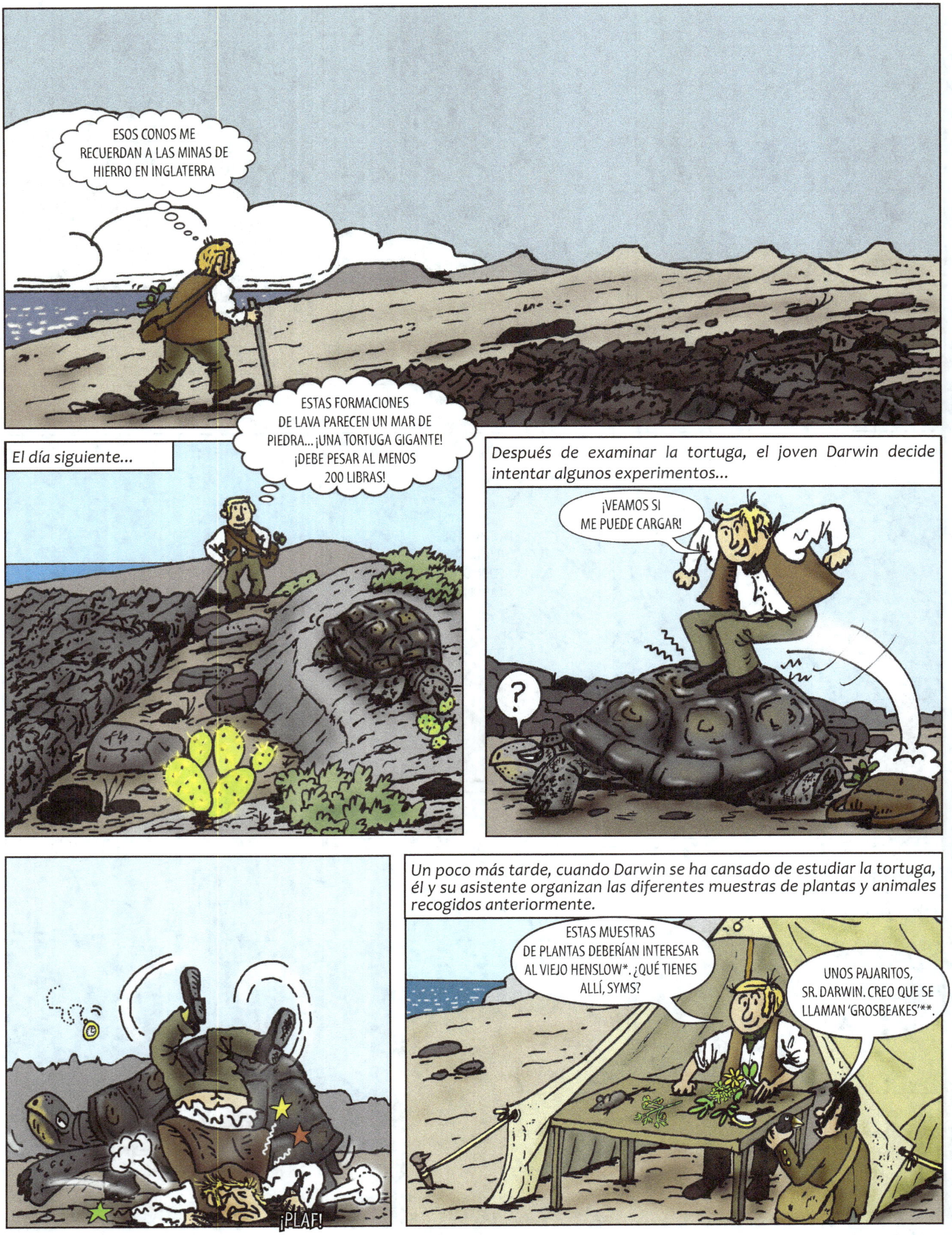

El día siguiente...

Después de examinar la tortuga, el joven Darwin decide intentar algunos experimentos...

Un poco más tarde, cuando Darwin se ha cansado de estudiar la tortuga, él y su asistente organizan las diferentes muestras de plantas y animales recogidos anteriormente.

* El reverendo John Henslow (1795-1861) fue el profesor de botánica de Darwin.   ** Pinzones.

* Una práctica común en la época entre marineros, balleneros y piratas, la caza intensiva de las tortugas de Galápagos casi provocó su extinción.

* Pasado por alto en su momento, el comentario de Lawson fue recordado más tarde por Darwin cuando formuló su teoría de la evolución.

Durante los momentos de descanso y cuando su mareo se lo permitía, Darwin leía la obra de **Charles Lyell**, "Principios de Geología". Las observaciones de Lyell, especialmente en cuanto a fósiles, indicaban que la Tierra es mucho más antigua de lo que se pensaba y que su formación ocurría a lo largo de largos periodos de tiempo debido a fuerzas que se mueven lentamente y que todavía operan en la actualidad. Darwin lo había comprendido tras un terremoto en Chile, cuando vio que el movimiento sísmico había hecho emerger conchas marinas sobre el nivel del mar. Luego encontró fósiles marinos en los Andes y entendió que en la Naturaleza todo está en cambio desde hace mucho, mucho tiempo. Era una idea verdaderamente revolucionaria para su época.

* Darwin y Fitzroy presenciaron "una pequeña columna de humo que se elevaba desde la cima de uno de los grandes cráteres". El cráter en cuestión era el de Sierra Negra.

* Iguanas terrestres.

* El único cometa de su tipo que se puede ver sin un telescopio, y del cual las observaciones registradas datan del 240 a.C. Fue descrito científicamente por primera vez por Edmond Halley (1656 - 1742), el cometa pasa cerca de la Tierra cada 75 o 76 años. Se espera que aparezca nuevamente en 2061.

Parte 2:
Darwin regresa a casa... y cambia el mundo.

A diferencia de lo que mucha gente cree, Darwin no descubrió su famosa Teoría de la Evolución mientras viajaba. Eso sucedió mucho más tarde, como veremos en la Parte 2 de este libro.

Lo que Darwin hizo en sus viajes fue observar, recolectar, medir y pensar. Cinco años dando la vuelta al mundo le abrieron los ojos y la mente a la extraordinaria diversidad que se encuentra en la Naturaleza.

Todos esos datos, todas las muestras recolectadas y traídas de vuelta, y todo ese pensamiento es lo que permitió a Darwin desarrollar su teoría revolucionaria de la evolución por selección natural.

Acompañemos a Darwin en el día en que el Beagle finalmente llegó a puerto, de vuelta en Inglaterra...

2 de octubre de 1836. El Beagle llega a Inglaterra después de haber dado la vuelta del mundo durante 5 largos años. Darwin se instala en Londres y busca rápidamente la compañía de otros naturalistas para ayudarle a organizar la vasta colección de especímenes traídos de su viaje.
Unos días después de su llegada, Darwin es invitado a la casa del gran geólogo Charles Lyell, donde también conoce a Richard Owen, quien muestra un gran interés en los fósiles que Darwin ha traído de América del Sur.
ESTIMADO COLEGA, SABÍA UD. QUE TODOS SUS FÓSILES SURAMERICANOS, ¡¿SON ESPECIES TOTALMENTE DISTINTAS A NUESTROS FÓSILES EUROPEOS?!
¡POR SUPUESTO! PERO LO QUE REALMENTE SORPRENDE ES QUE REVELAN FORMAS DE VIDA PASADAS MUY SIMILARES A LAS QUE CONOCEMOS HOY EN DÍA... ¡COMO SI ESTUVIERAN RELACIONADAS!
?!
Otro conocido clave fue el ornitólogo John Gould, quien identificó las aves que Darwin trajo de regreso.
TIENE RAZÓN, SR. DARWIN. ESTOS CUCUVES DE GALÁPAGOS SON PARIENTES DEL CUCUVE DEL CONTINENTE, Y ADEMÁS SON TRES ESPECIES DIFERENTES, ¡TODAS ÚNICAS DE GALÁPAGOS!
¡ES LO QUE SOSPECHÉ EN GALÁPAGOS!

UNA ESPECIE DE CUCUVE SÓLO VIVE EN SAN CRISTÓBAL, OTRA ÚNICAMENTE EN FLOREANA, Y ESTA SÓLO EN LA ISLA DE SANTIAGO.
Y LAS TORTUGAS: EL SR. LAWSON DIJO QUE CADA ISLA TENÍA SU PROPIO TIPO...
¡TRES ESPECIES DE CUCUVE, CADA UNA EN SU PROPIA ISLA!
PERO, ¿POR QUÉ FUERON CREADAS DE MANERA DIFERENTE?
Pero había más sorpresas esperando a Darwin. Al día siguiente, en el estudio de Gould...
¡EN EFECTO, TIENE USTED RAZÓN, SEÑOR! AHORA LO VEO: CADA UNO TIENE UN PICO DE FORMA DIFERENTE. QUÉ INTRIGANTE... COMO SI UN ANTEPASADO ORIGINAL ESTUVIERA CAMBIANDO POCO A POCO... ¡AH, COMO ME ARREPIENTO NO HABER ANOTADO EN CUÁL ISLA RECOGÍ CADA EJEMPLAR!
¡PERO ESPERE! CREO QUE MI ASISTENTE SÍ TOMÓ NOTA DE ESTO, ¡LO CONSULTARÉ!.
AQUÍ TIENE SUS PINZONES DE GALÁPAGOS, SR. DARWIN. PERO VERÁ... ESTAS OTRAS AVES QUE PENSABA QUE ERAN DIFERENTES EN REALIDAD TAMBIÉN SON PINZONES. FORMAN UN NUEVO GÉNERO, LOS GEOSPIZA O "PINZONES TERRESTRES".
FINCHES
Darwin no solo se relaciona con otros naturalistas: un día, en una visita al zoológico de Londres, conoce a Jenny, una orangután...
ESTE ES EL SIMIO DEL QUE TODO EL MUNDO HABLA. POR CIERTO, ¡CUÁNTO SE PARECE A LOS HUMANOS! COMO SI FUÉRAMOS PARIENTES....
AQUÍ VIENE OTRO, MIRANDO Y ASOMBRÁNDOSE... SE PARECEN UN POCO A MÍ, MENOS EVOLUCIONADOS, POR SUPUESTO...

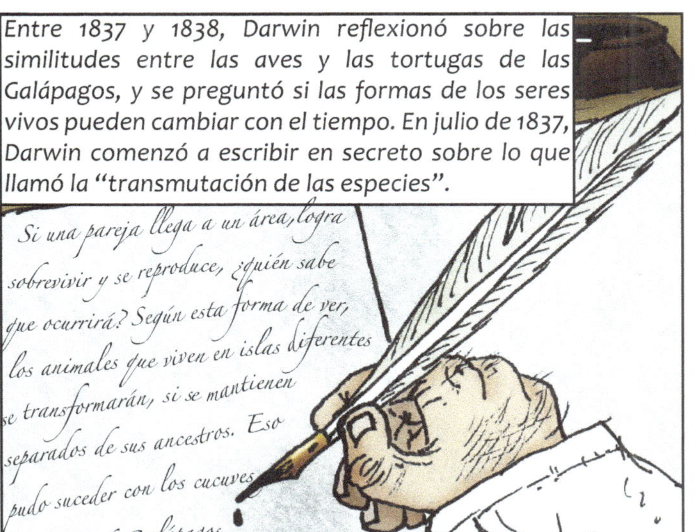

Entre 1837 y 1838, Darwin reflexionó sobre las similitudes entre las aves y las tortugas de las Galápagos, y se preguntó si las formas de los seres vivos pueden cambiar con el tiempo. En julio de 1837, Darwin comenzó a escribir en secreto sobre lo que llamó la "transmutación de las especies".

Darwin pasa todo su tiempo escribiendo sus ideas, analizando sus observaciones y leyendo sobre geología.

Darwin lucha con la contradicción entre lo que ve y lo que todos los demás, incluyendo las mentes más distinguidas de la época, creen: si dicen que cada ser vivo es creado perfectamente, ¿por qué hay tanta evidencia de que esos seres cambian?

Durante este período, Darwin se hizo amigo del botánico Joseph Hooker, quien identificó las plantas recolectadas en el viaje del Beagle. Los hallazgos de Hooker fueron asombrosos...

Gracias a sus propias observaciones y mucha correspondencia con otros naturalistas, Darwin se convenció cada vez más de que los seres vivos realmente cambian con el tiempo y no son creados como seres terminados, fijos y perfectos, como pensaba todo el mundo.

Los numerosos experimentos que Darwin llevó a cabo en su propia casa también le mostraron que al seleccionar cuidadosamente qué machos se aparean con qué hembras, los seres humanos pueden realmente determinar la apariencia y el comportamiento de los animales domésticos de una generación a la siguiente.

Pero cómo funciona este proceso selectivo en la Naturaleza aún era un misterio, hasta que, en 1838, Darwin encontró un ensayo del economista llamado **Thomas Malthus**...

Finalmente, Darwin había encontrado la pieza que le faltaba en su teoría de la evolución: cómo las especies cambian con el tiempo. **Pero estas eran ideas peligrosas...** todo el mundo creía que todas las criaturas vivas habían sido creadas por Dios: eran perfectas y no cambiaban. Y así, Darwin, aterrorizado por la reacción del público, guarda su teoría para él mismo. Pero todavía es un hombre que teme a Dios, y mientras alberga sus pensamientos culpables, las pesadillas se vuelven peores y peores...

Los años pasan y Darwin sigue con sus experimentos y observaciones de plantas y animales domésticos. Guarda celosamente su terrible secreto de la teoría de la selección natural y la transmutación de las especies. Hasta que un día, llega una carta inesperada de un joven naturalista llamado **Alfred Russell Wallace**. Darwin ya está sufriendo una enfermedad crónica, y **la carta casi lo destroza por completo...**

Durante sus viajes, el joven Wallace dedicó mucho tiempo a reflexionar sobre la asombrosa diversidad que observaba constantemente en el mundo natural. En 1858, durante un ataque de fiebre tropical en una isla remota de Indonesia, Wallace estableció la conexión entre la teoría de población de Thomas Malthus y la idea de la selección natural. Garabateó su ensayo y lo envió a Darwin, a quien admiraba mucho, para su revisión. Después de haber ocultado su teoría durante tanto tiempo, Darwin se sintió devastado: 20 años de trabajo resumidos en una simple carta, ¡una carta escrita por otra persona!

Afectado por la trágica enfermedad de su hijo, Darwin se encuentra en una encrucijada. Si publica su propio trabajo y pasa por alto la carta de Wallace, será visto como un ladrón de las ideas de otra persona. Pero si permite que la versión de la teoría de Wallace sea publicada, ¡habrá perdido el trabajo de toda su vida! ¡¿Qué hacer?!

*Afortunadamente, Darwin tenía buenos amigos en los distinguidos científicos Joseph Hooker y Charles Lyell. Convencieron a Darwin de que permitiera que **ambos** trabajos se presentaran **conjuntamente**, lo que marcó claramente la importancia del trabajo de Darwin y, al mismo tiempo, reconoció el de Wallace. Los ensayos se leyeron el 1 de julio de 1858 ante la Sociedad Linneana en Londres. Con este elegante gesto, Darwin mantuvo su merecida autoridad como el principal descubridor de la teoría de la evolución por selección natural, y Wallace se benefició al recibir crédito por su contribución y al ser asociado con su mentor más famoso.*

Epílogo: ¿Qué pasó después?

El público, cuya opinión Darwin había temido durante mucho tiempo, mostró muy poca reacción a la primera presentación de la teoría de la evolución por selección natural.

Mientras tanto, Darwin siguió la sugerencia de Lyell y Hooker de exponer su teoría en más detalle, incorporando 20 años de observaciones, lecturas, experimentos, correspondencia y reflexión. El resultado fue un libro de 500 páginas llamado *"El Origen de las Especies por Medio de la Selección Natural, o la Preservación de las Razas Favorecidas en la Lucha por la Vida"*.

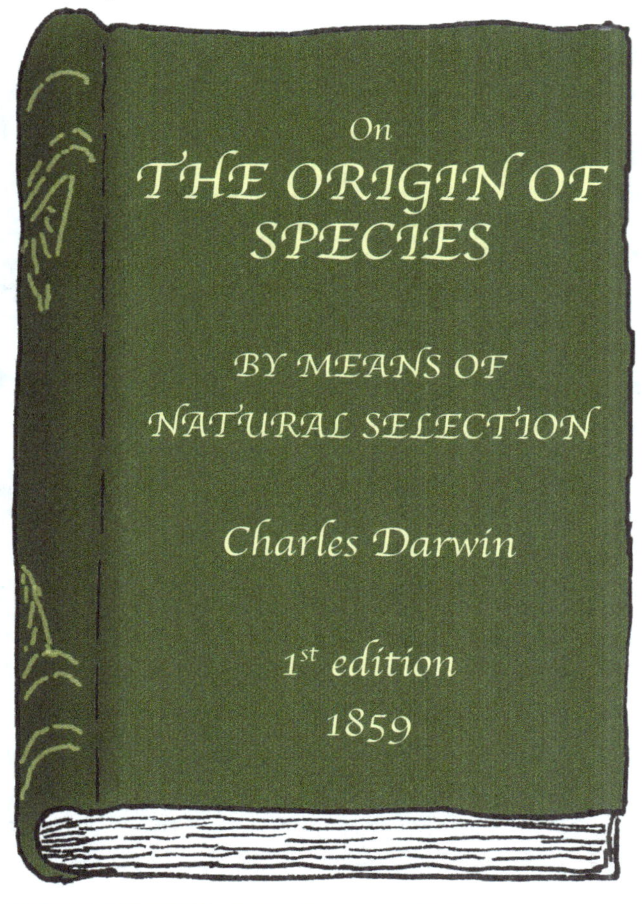

Publicado en 6 ediciones durante la vida de Darwin y traducido a 18 idiomas, *"El Origen de las Especies"* es una de las obras científicas más importantes de todos los tiempos.

El libro se puso a la venta el 24 de noviembre de 1859: las 2,500 copias impresas se agotaron en un solo día, y provocaron una gran, amplia y variada opinión pública.

Caricatura: A. J. Hesse, reproducida con permiso de N. Cuvi, *"El misterioso Reloj de Darwin"*, 2010, Fundación Charles Darwin, Ecuador.

El legado de Darwin

Darwin explicó cosas sobre el mundo natural que eran muy nuevas para su época. Además de la teoría de la selección natural, estableció otros hechos científicos que fueron confirmados por pensadores futuros décadas más tarde. Por ejemplo, Darwin entendió que los continentes se están alejando constantemente entre sí, una idea que al principio fue rechazada, luego sospechada por científicos hasta tan tarde como 1912, antes de ser finalmente confirmada por técnicas más modernas luego de 40 años.

El trabajo de Darwin abrió las puertas a muchos campos científicos modernos, como la biología, la psicología, la etología (el estudio del comportamiento animal) y la ecología (el estudio de cómo los seres vivos se relacionan entre sí y con su entorno).

¿Qué *es* la selección natural?

¡En realidad, es muy simple! Aquí están los principios básicos:

1. Ningún ser vivo es exactamente igual que otro: cada uno tiene rasgos diferentes. Estos rasgos pueden ser físicos (como el tamaño del pico de un ave) o de comportamiento (como la forma en que se alimentan). Debido a que varían entre los individuos, a estos rasgos se les llama "variaciones".

2. Cuando un ser vivo se reproduce, transmite parte de sus variaciones a sus crías. De esta manera, las crías reciben variaciones tanto de la mamá como del papá.

3. Las crías que heredan la combinación particular de las variaciones de cada uno de sus padres que les permiten **sobrellevar mejor el entorno tienen más posibilidades de sobrevivir y, a su vez, reproducirse.** Si tienen éxito, luego transmiten esas características "ganadoras" a sus propias crías, y así sucesivamente. Esto es a lo que nos referimos cuando hablamos de "selección natural".

4. Cuando una población de una especie dada se encuentra **aislada** de otros miembros de su especie por cualquier razón (a veces durante millones de años), el proceso de selección natural puede cambiar tanto a la población aislada que con el tiempo, los miembros de ese grupo aislado terminan viéndose y actuando de manera muy diferente a la especie original de la que descendieron. Después de tal cambio, los miembros del grupo aislado ya no pueden reproducirse con individuos que se parezcan más a la especie original, su ancestro común. Así es como se forman nuevas especies, y a este proceso se le llama **"evolución de especies"**.

Veamos un ejemplo sencillo:

Imagina que hace millones de años, varios pinzones fueron llevados por el viento a las Islas Galápagos desde el continente sudamericano. Debido a que todos los individuos son un poco diferentes entre sí, no había dos pinzones idénticos. Digamos que uno de los rasgos que variaban entre los pinzones era el tamaño de sus picos.

Ahora imaginemos que algunos de estos pinzones colonizadores quedaron atrapados en una isla donde la única comida eran semillas muy duras. Debido a que los pinzones no podían salir de la isla (estaban aislados), solo aquellos con picos lo suficientemente grandes y fuertes para romper las semillas podían sobrevivir y reproducirse. Los que tenían picos más pequeños y débiles morían de hambre.

De esta manera, los picos grandes se convirtieron gradualmente en una característica favorable para la supervivencia en esa isla en particular, y, como resultado, se transmitieron a través de las generaciones de pinzones aislados allí. Los pinzones que nacían con picos no suficientemente grandes para romper las semillas morían, dejando solo a los individuos con picos grandes. Después de algunas generaciones de esto, todos los pinzones en la isla tenían picos grandes; ya no nacían más pinzones con picos pequeños.

"*¡No puedo comer esto, no puedo comer aquello! ¡Estos pinzones son imposibles!*"

Caricatura: A. J. Hesse, reproducida con permiso de N. Cuvi, "*El misterioso Reloj de Darwin*", 2010, Fundación Charles Darwin, Ecuador.

Cualquiera que llegara a la isla solo encontraría pinzones con picos grandes. Aunque originalmente estos pinzones eran de la misma especie que los del continente o los que llegaron a otras islas donde las condiciones eran diferentes, habían cambiado tanto que ya no se parecían ni actuaban como sus ancestros: habían llegado a ser una nueva especie, y esto sucedió mediante la evolución a través de la selección natural.

Darwin, el revolucionario.

Darwin vivió en una época en la que todos creían sin cuestionar que el mundo natural había sido creado por Dios, de manera perfecta e inmutable. La idea misma de que una planta o un animal pudiera evolucionar en algo diferente era completamente nueva y muy atrevida.

Por eso los pensamientos de Darwin fueron revolucionarios: aunque la idea de la evolución había existido durante algún tiempo, Darwin fue el primero en proporcionar una explicación convincente de cómo funcionaba. La teoría de la selección natural mostró cómo un ser vivo puede cambiar con el tiempo a través de un proceso natural, y no por la voluntad de Dios. Darwin también dijo que los humanos son animales, sujetos a la selección natural y la evolución, y no fueron creados por Dios a Su imagen.

Pocas personas se dan cuenta de que Darwin mismo era religioso. Nunca negó la existencia de Dios, sino que consideraba el proceso de la selección natural como la forma en que Dios gestionaba el mundo natural. Esta visión permitió que la ciencia avanzara con la bendición de la Iglesia.

El legado de Darwin en las Islas Galápagos.

El nombre de Charles Darwin está en todas partes en las Islas Galápagos: fue la primera persona en dar a conocer al mundo las maravillas naturales de estas islas únicas. Hace cientos de años, los marineros solo veían a las Galápagos como un lugar infernal con rocas, volcanes y espinas. Sin embargo, en tan solo cinco semanas, Darwin cambió esa percepción para siempre. Las muestras, observaciones y notas que él y sus asistentes hicieron durante la épica expedición del Beagle proporcionaron evidencia abundante de que las Islas Galápagos eran, y todavía son, más como un paraíso natural en la Tierra. Las Galápagos hoy en día son consideradas una maravilla, un patrimonio natural que debe ser apreciado y protegido para siempre.

Ahora que sabemos un poco más sobre Charles Darwin y su trabajo, podemos seguir sus pasos y cada uno de nosotros puede hacer lo que esté a su alcance para valorar y cuidar el entorno natural en el que vivimos. Y si tienes la suerte de pasar tiempo en las Islas Galápagos, recuerda lo importantes que son y haz lo que puedas para ayudar a las personas que viven allí a protegerlas y a la vida que sustentan.

Monumento conmemorativo de Charles Darwin en el malecón de Puerto Baquerizo, San Cristóbal, islas Galápagos. Foto: A.J. Hesse, 2022.

Un momento de reflexión...

La teoría de la evolución de Darwin por selección natural nos muestra que los seres vivos de hoy están vivos porque están adaptados al lugar y al tiempo en el que viven.

Son supervivientes, al menos por ahora. Pero a medida que las condiciones cambian, las especies a las que pertenecen también necesitan cambiar si quieren sobrevivir.

Y así, las especies continúan evolucionando, generación tras generación, desafiando a cada planta y animal individual a sobrevivir en un entorno que cambia constantemente.

Ha sido así durante millones y millones de años, desde los primeros seres vivos en la Tierra.

Sin embargo, **los humanos pueden eliminarlo todo en cuestión de segundos:** nuestra forma de vida moderna es responsable de la destrucción instantánea de innumerables seres vivos en todo el mundo, todos los cuales son el resultado de millones de años de evolución por selección natural.

Sucede todo el tiempo. Está ocurriendo en este momento.

Ninguno de nosotros puede salvar al mundo. No todo. Ni siquiera Darwin pudo hacer eso. Pero lo que hizo Darwin fue cambiar la forma en que entendemos la vida en la Tierra.

Ahora te toca a ti: ¿qué puedes hacer tú?

Sobre el autor

Alan J. Hesse es biólogo de conservación, autor y educador. Inspirado por la majestuosidad y la fragilidad de la naturaleza, combina habilidades artísticas con conocimiento técnico y tres décadas de experiencia profesional para crear recursos pedagógicos ambientales a nivel mundial.

Alan es autor e ilustrador de diez libros educativos para niños, entre los cuales su enfoque principal es 'Las Aventuras del Capitán Polo', celebrada serie de novelas gráficas y otros recursos pedagógicos sobre la temática del cambio climático.

Alan también es el fundador de la **Captain Polo Academy**, una iniciativa de alcance mundial para difundir la educación climática y apoyar a las escuelas en la enseñanza de esta materia.

www.alanhesse.com

Otros libros del mismo autor

La serie de novelas gráficas educativas 'Las Aventuras del Capitán Polo' sobre el cambio climático.

Un oso polar sin nombre es arrojado a los mares tormentosos desde un trozo de hielo que se derrite... y cambia su vida para siempre.

★★★★★

"Una forma fantásticamente accesible de ayudar a los niños a comprender el cambio climático. FINALISTA y altamente recomendable".
The Wishing Shelf Book Awards

"En esencia, el Capitán Polo es la historia sobre nosotros y nuestro futuro en la Tierra, presentada de una manera entretenida y basada en el conocimiento, que puede generar conversaciones y acciones muy necesarias para salvar a la Humanidad." - **Prof. Johan Rockström, Director, Instituto Potsdam para la investigación sobre el impacto climático.**

★★★★★

"Me encantan las novelas gráficas al estilo de Tintín, y 'Capitán Polo' de Alan Hesse es tan aventurero y trepidante como esos cómics clásicos."
D. Bellard, cliente de Amazon

★★★★★

"... Habla sobre los problemas que surgen después de la deforestación, la erosión, la pérdida de hábitat y más... junto con la aventura y la diversión, crea conciencia en los jóvenes lectores sobre el cambio climático." -
Readers Favorite

★★★★★

"Fables of the Amazon ofrece lecciones importantes sobre los bosques, datos sobre animales y cuentos morales a través de historias humorísticas e imágenes vívidas que ampliarán la mente de los niños al mundo único de la Amazonía."
Readers' Favorite

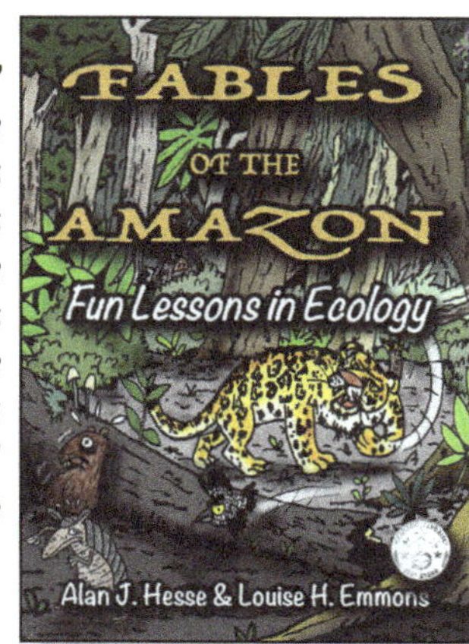

Todos disponibles aquí:

www.ingramcontent.com/pod-product-compliance
Lightning Source LLC
Chambersburg PA
CBHW080949130726
48003CB00010BB/3136